나와의 해후

나와의 해후

박충윤 시집

계간문예

| 시인의 말 |

'텅 빈 충만'을 좇아가며

  '텅 빈 충만'을 좇아가는 글을 쓰기 수년 때 묻지 않은 인간으로 돌아가기 위한 과정이었다.
  오직 지금 이 순간만이 살아있는 현실임을 깨닫기 위해, 과거에 대한 집착과 아직 존재하지도 않는 미래에 대한 걱정을 떨쳐 내려 기나긴 시간 동안 시를 쓰고 또 썼다. 그 과정을 통해 잊으려한 지난 일기를 정리하여 마음속에 영원히 묻어 둠으로써 내 속의 어린아이와 이별하고 새롭게 출발하려는 행복한 꿈을 꾸고 싶었다.
  시의 세계로 들어가는 문을 통해 나 자신의 안과 밖을 드나들 수 있는 문턱에 서 있다. 내 인생에 있어서 얼마나 다행스러운 일인가? 지금까지 살아온 수많은 터널, 다리, 정거장 등을 지나오면서 기쁨과 회한이 교차해 왔다. 지금 여기 돌아갈 곳을 만들어 가고 있다는 생각에 한시름 놓고 나니 다리가 풀린다. 나 자신과 사이좋게 지내며 이리 나이 들어가는 것도 큰 복이라 생각한다.

시를 쓰면서 화들짝 놀랐다. 지금껏 굴곡 없는 삶을 살아왔다고 자부했건만 내가 몰랐던 내 속의 나와 진솔하게 이야기해 보니 그 친구에게 상처를 많이도 주었다. 반갑게 해후하며 젊은 욕심을 비우니 이내 정이 쌓였다. 내 마음속의 가장 밑바닥에 무엇이 들어 있는지 알 수 없어 몇 년간을 나에게 시로써 묻고 답했다. 지난 세월은 내 스스로 선택하고 결정해 왔다는 사실을 알게 되었다. 잘못과 아쉬움은 더 이상 존재하지 않는다. 남아 있는 날들에 새로운 의미를 부여하며 오늘 시의 화두를 떠올려 본다.

지금의 나를 있게 해 준 부모님과 '나와의 해후(邂逅)' 기회를 만들어 준 사랑하는 아내, 두 딸과 그 가족에게 가슴속 고마움을 전한다.

2019년 늦가을에

常虛 박 충 윤

■ 차례

시인의 말 '텅 빈 충만'을 좇아가며 • 4

제1부

길섶에 서서

둘레길 … 16
흐르는 길 … 18
바닥을 딛고 … 19
눈꽃이불 … 20
엇박자 … 22
왜 이리도 … 24
바보 … 26
눈길 … 27
마음 단풍 … 28
그 산 … 29
촛불 … 30
상실 이름의 마차 … 32
자화상 … 34

한恨의 과정 … 35
길마중 … 36
오늘 노인 … 37
갈대 바보 … 38
쩨쩨한 남자 … 39
내 나이 … 40
오랜 친구 … 41
동그란 꿈 … 42
도봉산행 … 44
모래시계 … 46
결핍과 여백 … 47
새벽이슬 … 48

제2부

내 안의 화두를 엿보며

일기 … 50
일기장 … 51
사부곡思父曲 … 52
착각 … 54
옹이구멍 … 56
하늘마음 … 57
추심秋心 … 58
화두話頭 … 59
상허常虛 … 60
행간行間 … 61
똬리 … 62
고엽孤葉 … 63
우리 아가 울음소리 … 64

수상 가옥 … 66

입동 생각 … 68

슈퍼 문 … 69

주머니 세 개 … 70

단풍 선녀 … 71

느려도 … 72

때時 … 73

벌거숭이 … 74

올 한 해 … 75

틈새 … 76

살얼음 … 77

고향 … 78

제3부

새봄을 기다리며

꽃씨 하나 … 82
꽃샘추위 … 83
겉돌기 … 84
마찬가지 … 85
촌로村老 … 86
속마음 … 88
알다시피 … 90
늙은 다리 건너서 … 92
소지품 … 93
흙집 풍경 … 94
깨진 나이테 … 96
봄 친구 … 97
여정旅程 Ⅰ … 98

여정旅程 II … 100

시래기국밥 … 101

선상 유람船上 遊覽 … 102

타는 속 … 103

초록 꿈 … 104

한 뼘 … 106

틈 … 107

살풀이 … 108

몽돌 숨소리 … 109

현해탄 … 110

사람값 … 111

가을 채비 … 112

제4부

비우고 비워보니

가을 하늘 … 116
그 추억 … 117
귀향길 … 118
만추晩秋 … 119
낙엽 울음소리 … 120
꿈 … 122
내 안의 작은 아이 … 123
닮아가고 있다 … 124
그곳 … 126
제자리 … 127
해동머리 … 128
허虛 … 129
숲속의 봄 … 130
머무름 … 131

봄의 눈물 … 132
꿈속의 꿈 … 133
강江의 눈물 … 134
수줍음 … 135
이방인 … 136
가을 편지 … 137
허공虛空 … 138
낮달 … 139
천축사天쓰寺 … 140
나른한 봄날 오후 … 141
침묵의 길 … 142
뒹굴뒹굴 … 143
한 폭의 추억 … 144
업보業報 … 146

제1부

길섶에 서서

둘레길

가다보니 네 길 아닌 내 길
그곳 새 시내 바람 소리길
산꼭대기만 바라본 세월
너 먼저 나 먼저도 아닌
이리저리 둘레길 인생인 줄 몰랐네

숨차 오르기만 했던 꼭대기
활짝 열린 좌우 행복
무심 길은 이제야 알려주어
낯붉히고 걷는 부끄러운 길
낙엽 떨어지는 소리 탓하네

둘레길 어귀마다 산사
뭇 중생 번민 어루만져 주었을까
세상 나이 쉬이 전해주는 그 길
새로운 길 알려줘서 고맙다

내려온 길은 노인 길만이 아닌
모두의 길임을 늦게야 알고
둘레길 매력 이리 큰 것을

삼라만상을 국밥에 빠뜨렸네

처음 보는 촌로에게
막걸리 한 잔 건네주며
허어 참 이리도 아름다운 것임을
달리 둘레길이 아닌 모양
산사 모퉁이에서 한참 귀를 기울이네

흐르는 길

흐르는 그 길
내가 그렇고 그가 그렇듯이
언제 어디까지 가는지도 모른 채
그저 흐르는 길

이리 부딪히고 저리 막히고
기쁨과 한탄이 어우러져도
거침없이 흐르는 그 길
갈 길인지 아닌지 나에게 물어보네

높고 낮음을 원하든 않든
끊임없이 보란 듯이 흐르는 길
그 높음과 깊은 뜻 몰라도
그저 미소 지으며 길인지 흐름인지 답을 하지 않네

그 곳에 배 띄우고 노를 젓네
순풍 역풍 가늠 못해도
이내 별빛 알려주며 웃네
돌아갈 길 잘 몰라도 오래전부터 미소 짓네

바닥을 딛고

작은 꿈꾸며 떠나는 길
아스팔트 폭염 지나
흙내음 물씬 나니 상쾌
이어진 돌 바위 내川

구름 위로 둥실 떠올랐던
마음 안팎으로 땀이 송골송골
터벅거리며 한 발자국 디딜 때
매인 가슴 열어 주는 큰 숨

그곳 지켜 주는
꽃 나무 벌레 못 본 체
하염없이 바닥만 보며 한바탕 씨름
갈 곳 다다르니 어디로 왔는지

길 떠나기 전
산과 하늘 보였는데
저 멀리 두고 온 이름 석 자
나 여기 있다 손짓한다

눈꽃이불

겨우내 꽁꽁 얼었던 모든 일들
기다리던 흰 눈이 내려 덮어주네
앓던 번뇌 덮음일까
봄 기다리는 순리일까
또 다른 앎마저도 감춰주네

이리저리 날리는 눈꽃송이
한마음 두 마음 속에
살포시 숨어버린 마음들
덮어주는 고마움을
내 희망 그 눈꽃송이는 알까

어제도 오늘도 내리는 눈꽃
하얀 이불 속에 숨기고픈
무어 그리 감출 것이 많을까
어김없이 찾아오고 마는 싹트임
눈뜨고 숨바꼭질이 이것일까

송이마다 저마다의 눈꽃 사연들
하나둘 하얀 색에 물들고

여기 벙긋 저기 움틀 그 바람들
모든 소망 기다리라 하네
그리도 새봄 기다리는 눈꽃이불

엇박자

무어 그리 특별한지
모두들 특特을 좇아가는 하루
아침부터 밤
춘하추동 사계절
불혹 넘어 환갑 지나서까지

무어 그리 특별한지
얽히고설켜 특 따려는 일상
눈 부릅, 귀 쫑긋, 입 한 주먹
머리 가슴 아픔 모른 체
그리도 산 넘을까

무어 그리 특별한지
나, 너 버리고
이곳에서 이룰 수 있을까
특 딸수록 작아지는 그것
모두 모여 그냥 보통

이제 눈에 띈 특별한 보통
달 밝은 오늘 밤 보통 별 따 볼까

작은 단어 하나에 잡힌 행복
핑계 댄 엇박자 마음 또 새록새록
꿈꾸고픈 타박타박 오솔길

왜 이리도

쿵쾅 쿵쾅 가슴
몇 개 떼어 낸 종양
콩닥콩닥 순간 마음
무심 탑 쌓아 왔건만
소용없는 징표

다시 잡아채려 해도
원래 그렇듯이 보란 듯
보고 싶은 일상
동떨어진 그 속
화들짝 놀라 언제 그랬나 핑계

다잡고 헤집어 봐도
나올 것 없는 이
얽매고 살아 온 지난 날
더 아플 것 무엇
그저 그런 것이 삶

지금 여기 헛바람 용기
스쳐 가는 눈앞 칠정七情

고개 드니 달라진 것 없는 하늘
순박한 가을 하늘만 빙긋

질끈 동여맨 신발 벗 삼아
가던 길 그대로
웅크린 가슴 좁아진 발걸음
어린애 걸음 한 발짝
왜 이리도 꽁할까

바보

바보가 남인 줄 그저 별 다름 없이
나와 다른 이들은 그저 바보

이리 살고 저리 살아온 길
누가 바보인지 모르는 철부지
세상이 다 바보라 아우성
이런 편한 바보 또 있을까
여기 있고 저기도 있다
안타까운 참새 가슴
너도 나도 바보 아닌 천둥벌거숭이
모두 알면서 그리 할 뿐 달리 뾰족함 없을까
스스로 위안해 보니 헛수고
씨익 웃고 또 웃을 뿐 남다른 혜안은 무엇
지난 세월 이겨 낼 바람은 어디
잠시 행복에 빠진다
이리도 기쁠 줄이야

늘 옆에 앉아 있는 해답을 모르는 나
오늘 또 한 번 바보

눈길

이쪽의 눈 저쪽의 눈
알 듯 말 듯 눈길들
그 눈길 방향, 무게
속내를 여는 새벽의 시샘
지친 밤을 재촉하며
고단한 하루 눈길은 어디로

나의 눈, 너의 눈 서로 다른 눈길
보고 있어도 보지 않아도
오욕칠정五慾七情 가득
너와 나는 같은 우리
오늘 하루 어느 눈길 바라볼까

가는 눈, 오는 눈
얽히고설킨 실타래 눈길
바라고 또 바라보아도
어쩔 줄 몰라 하는 인생 눈길
남 탓 아닌 내 탓이라는데
이제 나의 눈길 알기나 할까

마음 단풍

늦가을 하늘 아래
오색 단풍의 알 수 없는 유혹
그 마음을 단풍은 알까
사람이 알까

형형색색 잔치 아래
서 있거나 누워 있거나
애틋한 그녀 미소
내 알까 네 알까

어서 오라 손짓 아래
오색 향기 춤사위 한바탕
마음 단풍 한껏 띄운다
바람결에 휘청이는 내 무지개

그 산

오르면 오를수록 낮아진다
산이 낮아졌나
내 마음 높아졌나
그 산은 그 뿐
나만 모르고 있는 그 산

내려올수록 거만해진다
내 마음 높아졌나
그 산 그대로
그 마음 변함없다
이러쿵저러쿵해도 그 산은 그 산

요리조리 궁리해도
내 앞 큰 산
이제 알아봐도 늦었다
그 산은 나무라지 않는다
그저 그런 듯이 살라한다

내 작은 마음 이제 들켰다

촛불

그 언젠가 나를 향해 외쳤다
그 길도 이 길도 아니라고
손가락 헤아리며 외친 길
눈 감고 귀 막아도 그리 간 길
자신 있고 남 두렵지 않았던 길
다른 길 없었을까

언제부터인가 듣지 않던 길
오직 이 길 밖에 없다고
두 손 올려 다른 이 막던 길
한 길 향해 오롯이 향해 왔던 길
내 말, 남 말 듣지 않고 왔던 길
두려움 감추고 온 길

앞 모르는 길
어이 갈 줄 모른다 투정질해도
누구도 답을 주지 않는 길
두 손 두 마음 다해도
쉬이 줄 것 같지 않는 길
어이할까

그 길 속에 서 있다
불 비춰 줄 이 누구인가
밤새워 기다린다
자그마한 빛도 고마울 뿐
어른 되어 고마운 오늘
촛불 하나 켠다

상실 이름의 마차

상실 이름의 마차
두 바퀴인가 네 바퀴인가
어디에서 온 바퀴인지
그 마부 모른다
말이 이끄는 곳으로 갈 뿐

바퀴 수만큼의 상실을 토해 내며
걷고 달리기 수천수만 번
지나온 길, 갈 길 아는지
그 말은 모른다
지쳐 바퀴에 이끌려 갈 뿐

상실 이름 한 굴레마다
거친 숨결 토해 내기 수십 년
갈 곳 이름 아는지
상실 마음 지금도 모른다
새로이 고삐 옥죄어도 그때뿐

길가 이정표 하나 둘
고쳐 주고 다 잡아 주기 여정

남은 기력 있는지
희고 거친 그 땀 속내 모른다
닳고 닳은 바퀴 들여다 볼 뿐

돌고 돌아 희미한 불
이제구나 옳다구나 다다른 곳
알고픈 마음 없어졌다
수레바퀴 마음 상실인가
애초 있지도 않은 상실 그 이름

자화상

옛 추억
오늘 보니
달라진 풍경화
땅 끝에 선
한심寒心 자화상
수채화인가
유채화인가

한恨의 과정

갑작스런 지인의 죽음
가누지 못하는 애달픔
표현할 수 없는 마음
하늘나라에 순응할밖에
죽음에 대한 불안
새로운 인생의 다른 이름
목표와 과정이 다름일까
씨앗 꽃 열매의 또 다른 이름
거기 그때 아닌 여기 지금
무심한 안타까움
삼라만상 돌아 도착
그곳에서 평안 바라기
모르고 모른 인생
홀로 아닌 더불음 몰랐을 뿐
두 손 모아 눈 감아본다
하나 둘 내려놓기

구르고 구르는 시계時計
온갖 아우성쳐도
발 앞에 놓인 과정일 뿐
진심갈력盡心竭力 기도한다

길마중

하루가 지나면
어김없이 찾아오는
새로운 인생
길마중 몸부림

한 달 한 해 다다르니
꿈트럭대는 생각 무지개
두 손 두 눈 모아도
하나같은 끝과 시작

조각 퍼즐 맞추며
내 나이 가는 길 어디
환갑 지나 자연 품속
오가는 길 이제 그만

오늘 해맞이
어찌 놀까
같고 다른 길마중
그 속으로 풍덩 뛰어든다

오늘 노인

큰 잠 깨어나니 노인
이리 될 줄 어제 알았을까
하루 이틀 지났는데
이리저리 뒤척여도 오늘 노인

화살 길 헤쳐 온 젊음
걷고 뛰어오길 한참
노인 되어버린 꿈
궁글어 맴도는 오늘 나이

새로운 잠 큰 꿈 꾸어도
오르막길 무릎 시큰
대지팡이 고쳐 잡고
가고픈 뚜벅이 길

소박하고 나직한 신작로
의미 없어진 오르내림
도움 길 가고픈 오늘 노인
내 발길 오늘은 어디로

갈대 바보

유한 시간
조금 내려놓고
아웅다웅 부대껴도
돌아오는 부메랑

하나 둘 채우고 쌓아도
갈 곳은 자연 끝
남 탓하며
시간 죽이기 놀이

뒤안길 초로初老
별과 달 들여 보니
흰 눈 속에 숨은
갈대 바보

쩨쩨한 남자

부대끼고
악다구니 쳐도
이 산 저 내
도도陶陶한 숨결

쩨쩨한 마음
둘러대고 얼러보아도
앵돌아앉는
둥근 해와 달, 메아리

다랍고 속 빈 가슴

내 나이

희끗희끗 들은 나이
모르게 하얘진 세월
다른 이만 아는 내 나이
검정 머리 우겨 보니
숨고 싶은 흰 색깔들

썩 괜찮았던 백색 세월
훈장 못 받아도 흐뭇
뉘 알 필요 없는 내 시계時計
누구 맘에 생채기 주었나 조심

한숨 고르고 나니
흰 머리 돌아와 웃는다
괜찮다고 알음장한다
고맙고 고맙다

내가 먹지 않은 내 나이
세월이 하냥 돌담 쌓듯 올려놓았을 뿐
내 나이에 내가 미안해버렸다
삶은 그냥이다

오랜 친구

이른 새벽 핀 꽃 뒤에 숨은 정적
살포시 자리 앉은 그간의 설렘
톡 터져 나온 해맑은 미소
오랜만이에요

장마 시늉 속 가녀린 빗방울
꼭꼭 숨어 손님 비인 냥 떨림
살짝 핑계 대고 문을 두드린 입술
오랜 설렘은 수줍은 듯 뒤로

장맛비 속 만난 친구 미소
두 손 꼭 잡은 꽃향기
그간의 떨림 설렘의 고마움
두 꽃의 만남 정말 오랜만이에요

동그란 꿈

어릴 적 동그라미
칭찬 자랑 긍지
하나씩 쌓일 때마다
동그란 웃음 채곡

질풍노도 동그라미
부끄러움 수줍음 절반
한 번씩 일그러질 때마다
움츠린 미소 살짝

질주 본능 동그라미
앞만 보고픈 마음 성급
한 번 주춤거릴 때마다
찡그린 웃음 감춤

네 탓 내 탓 동그라미
뒤만 생각 늦은 마음
한가득 추억 뜰 때마다
내 자랑 웃음 비아냥

커졌는데 작아진 동그라미
채우고 비울 뿐 그 마음
하나 둘 내 생각마다
그저 고맙기만 한 내 웃음

크고 밝은 웃음 언제
오늘 내일 웃음
대신 못해주는 어제 웃음
웃음 꿈 한 번 꾸어나 볼까

도봉산행

  안내 표지판, 첫 걸음 앞 수줍은 철쭉꽃, 여린 개울 옆 홍매화, 날갯짓 연습 흰나비, 작은 돌 품은 어린 전년 바위, 세단 님어 황톳길, 빼꼼 얼굴 내민 올해 잎새, 가쁜 숨 벌레들, 물 한 모금, 그새 못 참은 땀방울들, 초파일 꿈꾸는 색색 연등, 숨은 암자 속 불경 소리, 끝내 잠 못 드는 부처 염화시중 미소, 산사 풍경 소리 시샘, 힘들어 소곤소곤 숨소리, 중간 이정표 뒤 섭섭해 하는 작아진 도시, 보는 이 없어도 산길 우측통행, 거친 호흡 꼴깍 몇 번, 비아냥 시늉 벚꽃과 처녀 진달래꽃, 보란 듯 내민 하늘 얼굴, 우이암과 오봉, 자운봉, 도봉산 자락 훔쳐보기, 수십 년 걸려 이제 한 코스, 선글라스 벗으니 다른 세상, 여태 본 것은 무엇, 일렁이는 잔바람

  오늘 봄 하루밖에
  언제 볼까 남은 계절
  돌고 돌아 환갑
  남은 사철 큰 우주
  소박한 마음
  갈 수 있으려나
  또 한 발자국 내딛을 뿐
  보지 못한 오늘 하늘 꿈

무릎 꿇고
사랑할 뿐
기도할 뿐

들리지 않는 시계 소리 핑계
이 산 저 내 다 본 척
다시 내려가니 온 길
부끄럽게 작아진 땀방울들
점점 커지는 도시
출발역 쏙 빼닮은 종착역
소머리 국밥에 빠져
막걸리와 춤춘다
작은 고개 들어
소박한 기지개 켜본다
큰 일 한 마냥

모래시계

스르륵 톡톡
한 톨씩 떨어지는 모래알
귀띔 안 주고 아래로
세월 탓하며 소복이 내린다

시간의 성을 쌓아가며
잘록한 고갯길로 힘겹게 머리 내민다
5분, 10분 운명의 삶
또 다른 가면假面 시계는 몇 분일까

하얀 정적 속에 숨죽인 향기
엄마 품에 다다른 모래알들
먹이 달라 고개 내밀어도
보이지 않는 시계 밖 세상

훌러덩 가면 벗어놓고 나니
가슴속에서 사라진 그 향기
큰 기지개 켠다
또 한 번 가면 써 볼까

결핍과 여백

살며 약간의 결핍은
오히려 행복의 다른 이름

넘치는 것보다
부족함 아는 것이 소박한 행복

내 결핍이
새로운 여백이 될 수 있을까

한집 대문에 걸린
한 이불 부부 문패일 뿐

마음속 한 바퀴 빙 돌고 나온 결핍
밖에 똬리를 튼 여백
찬찬히 들여다보니 그게 행복

새벽이슬

남몰래 새벽 머금은 이슬
긴 밤 참은 숨 살짝 밀어내고
아침 햇빛과 술래 바꾼 한 모금
달콤한 꿀맛과 바꿀 수 없는 생명수

이른 아침 단장丹粧 못해 부은 얼굴
한 모금 두 모금 살며시 분칠
고운 아침 햇살 미소와 어울려
둘 곳 모르는 눈 그만 돌부리에 걸렸네

분꽃 향기 아닌 곱디고운 이슬에
가여운 시름을 엿장수에게 던져 주고
분꽃 이슬 흉내 내고픈 늦여름 일상
그리 넘어진 것 오늘 내 복일 줄이야

제2부

내 안의 화두를 엿보며

일기

별도 달도 모르는
꿈속 내 향기
이리 감추고 저리 둘러대도
금세 들키고만 추억

애인 몰래 밤 구름 속에
꼭꼭 숨겨둔 응어리
혹여 별 알까 달 알까
부끄러워 숨죽인 오늘 얼굴

꽃구름 속에 추억 여행 감추고
안개비로 살포시 덮어도
회초리 드는 짓궂은 햇살 웃음
수줍어진 내일 여행

일기장

집 떠나 외길 인생 수십 년
산과 강 이기려고 애를 태워왔건만
앞에 놓인 그들은 그저 포근하게
말 없는 미소 지을 뿐

자운봉紫雲峰* 옆 설익은 내川와
입 굳게 다문 바위들
산새들 몰래 그 속에
수오지심羞惡之心 슬쩍 놓고
올라온 길 내려간다

딴청 피우는 내 일기장
모두들 알고 있겠지
왠지 마음이 놓인다

무얼 또 내려놓을까

* 자운봉紫雲峰: 서울시 도봉산의 최고봉

사부곡 思父曲

집 떠나 익숙한 산등성이
한 길 건너 또 한 길
고개마다 말 못하는 피 토해내며
힘들게 다다른 곳

그동안 잘 계셨어요
무어 그리 바쁘셨는지
소식 제때 안 주고 훌쩍 떠나셨는지
처자식 안중에 없었던 모양

때 되면 이 먼 길로 한 걸음 한 걸음
무심한 미소 홀로 보려했던 듯
가던 길 조금 더 참고 가서도 됐는데
아직도 어찌 할 바 몰라 하는 가여운 눈망울들

휜 허리 등에 짐만 가득 맨 채
무어 그리 쫓겼는지 허둥지둥
안쓰러움만 남겨두고 희미해진 얼굴
하늘 고개 오를 여유 없었던 지난 십여 년

영각전靈閣殿* 갈 때마다
가녀린 마음 큰 잘못 탓만
에둘러대는 어리광 잠시 접어 두고
두 번 절하고 나니 괜스레 부끄러움

살던 집으로 돌아가는 길
한 발자국 떼기 이리 무거울 수가
크게 웃고 살아야겠지요
아버님은 이제 아시지요

외딴 집 도착하면
큰 무릎 꿇고 기도하렵니다
이제 모두 잊어버리고
편히 쉬세요

---

* 영각전靈閣殿 : 경기도 파주시 광탄면 영장리 소재
　　　　　　보광사普光寺 납골당

착각

어제도
오늘도
안개 속에 갇혀
길 찾지 못해 이리저리
꿈틀대고 있다

어제 핑계로
오늘에 파묻혀서
괴로워하고
내일 걱정으로
멈춰 있는 오늘

달 하나 별 둘
가을 야생화 숲
헤집으며 용을 써도
저편 구석에 쉬이 숨어든다
오늘은 무슨 일 있을까

머리와 마음으로
하늘을 뚫으려 해도

심연 속 구름에 숨는 찰나
이 단어 저 단어
헤집어 본다

오늘 맞은 인연은
애초 몰랐던 기연奇緣
종착지도 알 수 없는 길
맞춤양복 단추 하나 찾으려
기를 쓰며 괴로워한다

시 한 수 지으며 햇살 위안 찾지만
영혼의 친구는 아직 옆에 없다
홀연 눈앞에 드리워진 가을 풍경
오늘도 시인이라는 착각 속에
단추 여행 떠난다

옹이구멍

온갖 걱정거리 숨겨 주고
찾아오는 이에게 안식처
인심 쓰는 고목의 옹이구멍
그 속에서 삭풍 이기고
봄 채비하는 작은 아이

새봄 되어 꽃과 잎이
그 주위 가려 주어도
주둥이 꼭 닫은 옹이구멍
감춰진 보물들이
봄바람 타고 나올까

하늘마음

구름 위로 둥실 떠올라
저만치 내려다보이는
산과 강 들에는 보이지 않는 나

여정의 긴 준비는 하늘로 달아났는지
보이지 않는데, 허공 속 점 하나

살아본 적 없는 위에서
내려다보이는 세상만 사는
잠시 침묵의 탈을 쓴 듯
점점 크게 다가온 그곳
살아가야 하는 나의 땅

가슴속으로 갑자기
맑은 별들이 쏟아져 들어와
환한 축복 속에 가슴 설렌다
들썽거리는 호기심
갖고 싶은 하늘마음

추심秋心

가을바람 잔잔히 불어오니
졸음이 살짝 밀려오고
오고가는 오색단풍 인사 건네니
절로 흥겨워지는 우쭐한 마음

단풍 머금은 산 구름에 뛰어들어
하늘 뒤로 숨어버리고
고개 숙인 벼 허리 흔들어
휘영청 춤추게 하는 바람 장단

땀 닦는 번거로움 잊어버린
촌로의 해맑은 웃음소리에 맞춰
가득 채워 미소 짓는 막걸리 잔은
지난 풍파 잊게 하는 가을의 속마음

물은 건너가라고
산은 넘어가라고
하늘은 뛰어 오르라고 있다는 것을
또 한 번 깨닫게 해준 고마운 추심秋心

화두話頭

오르고 또 올라도
얼굴 감추고 있는 화두話頭
이리저리 아양 떨어도
쳇바퀴 도는 술래잡기

고약한 화두에 갇힌 세상
골방 속 작은 행복을 핑계 대며
없었던 친구 새로 만들려니
누구도 도움 안 주는 까막잡기

그 없는 오늘 이리 좋을 수가
큰 눈 뜨고 찾아봐도
꼭꼭 숨은 이를 어디서 찾을까
내 속에 꼭꼭 숨은 화두

상허 常虛

낮은 산 올라
큰 산인 줄 알고
삼라만상 떨쳤다
모두 버렸다 착각

올라 보니 그 아래
덧없다 손가락질
겉치레 삶을 누가 비웃을까
바위틈에 숨은 소심 小心

비우고 또 비우면
절로 채워 주는 하늘의 뜻
누더기 속 빈껍데기
큰마음 알려 준 산행

행간 行間

힘든 산 홀로 오르며
오장육부 애대워 토해 낸 포효 咆哮
놀란 까치 다람쥐 화들짝 흩어지니
무슨 잘못 했나 부끄러움 가득

자연에 문 열어 주니
절로 주어지는 행간 行間
오를수록 먼 산 바라보고
본체와 그림자를 가려야 할 때

오색단풍이 알려줄까

똬리

긴긴밤 웅크린 채
잠들었던 기지基地 떠나
많은 역 구불구불한 길을
평화와 안정 향해 달려온 길

부질없는 걱정
번지 틀린 사랑
가까워지는 종착역에
숨 덜컹 마음 휘청

똬리 틀었던 열차는
애초에 직선
하나 아닌 여러 개의 몸통들
숨겨 둔 똬리 언제 기지개 켤까

남의 행간 훔쳐보기 그만
요 며칠 가슴앓이 비바람도
구름 아래 미소일 뿐
이제 풀 때가 된 똬리

고엽 孤葉

바람 한 점 살랑 불 때마다
아직 때가 안 되었다고
응석부리는 한 조각 몸부림
옆 친구 나뭇잎 쳐다보기만

그리던 고향 오라는 편지에
찬바람 이는 묵언 답장
구름 친구 가자 아양 떨어도
헤살거리는 햇살 쳐다볼 뿐

한 계절 산등성마루 넘고
철 지난 옷 갈아입기
이리 눈치 보일 수가
봄을 기다릴 밖에

우리 아가 울음소리

외손자의 탄생
낯선 울음소리
이런 일이 내게 생기다니
벅찬 기쁨 새 생명의 등장

크게 뜬 두 눈
옴지락거리는 두 발 두 손
어디로 갈 거냐
무엇을 잡을 거냐

활짝 웃는 부모
고마워하는 모든 이들
건강해라 잘 살아라
동화책 좋은 말로는 모자란다

사랑한다
그리고 사랑한다
손주 시윤이 낳은 큰딸
고맙다

구름 위에 두둥실 뜬 아가 울음소리
멋진 삶 살라고 기도한다
삼라만상도 모를 우주의 신비
오늘 큰 행복

수상 가옥

위태로운 톤레샵* 수상 가옥
흙빛 호수
찌든 내음
그리 살아온 흙탕물 삶

내 배 네 배
모두 돛대 없이
방향타는 앞으로만
애초 갈 곳은 오직 하나

누가 고단한 삶이라고 했나
우수 어린 눈가엔
왠지 모를 기쁨이 이는 듯
고단하나 행복한 일상

도피 아닌 순박한 마음
낚싯대 통발 흙탕물을 친구로
노인과 소년은
그저 걸리기만 기다릴 뿐

맹그로브 숲속 인생
파도 없는 호수를 바다인 양
헤쳐 나아갈 밖에
우리 저편의 가슴 아픈 삶

* 톤레삽 호수(Tonle Sap Lake): 캄보디아에 위치한 호수의 지명이며, 수상 가옥에서 열악한 생활을 하고 있는 빈민 지역임.

입동 생각

늦가을 바람 잠시 숨죽이니
바삐 놀던 갈대 어쩔 줄 모르고
흐르는 듯 강물도
몰래 잠자리로 들어간 아침
입동 채비하느라 모두 숨고르기

인적 없는 강가 옆
홀로 앉은 무념무상의 촌로
한 계절 지날 때마다
강물 속에 모두 숨겨버렸던 일들
오늘따라 겁이 나서 그만 재채기

삭풍 불면 별 생각 달 생각 기대
부잣집 흉내 내고픈 마음뿐
땅속에서 붉은 해 떠오르자
멈췄던 강물 어지러이 흐르고
나만 몰랐던 야속한 그 계절

고요한 아침 뒤에 숨어버린 갈대

슈퍼 문

숨 가득 찬 늦가을 오색 단풍 낙엽 되어
인간 세상 구하고 새근새근 잠든 밤
수십 년 만에 고개 내민 슈퍼 문 아래
부끄러워하는 명경지수明鏡止水

할 일 남았다 살짝 투정하며
어미 나무 껴안고 있는 잎새 하나
이리저리 둘러봐도 친한 손님 안 보이는데
절개 지킨다고 매양 큰소리

어제 본 별은
배부른 달 뒤에 꼭꼭 숨어 버리고
세상은 휘영청 밝아졌어도 멍울진 작은 마음
어쩔 줄 몰라 흘리는 눈물

어제 내린 비는 눈물 되어
명경지수 되고
낙엽은 돛단배 만들어
슈퍼 문에게 노 저어 가니
외롭고 서러운 가을 신세

주머니 세 개

살면서 살아가면서
차곡차곡 쌓여 가는 검정 주머니
내 속 보일까 남이 볼까
꼭꼭 숨겨 둔 자존심

이기려고 해냈다고
노심초사 큰소리 땅땅 빨강 주머니
작은 마음 크게 보이려
흰소리하며 불쑥 내민 자신감

검정 빨강 주머니 휘두르니
이내 작아지고 마는 하양 주머니
검정 빨강 다독이고 받아 주려
휴지통 만들어 주는 여유

하산 후 막걸리 맛 견줄
하양 주머니 언제나 차게 될까
살면서 손 내밀 순서 있을 듯한
주머니 세 개는 과연 조화 이룰까

단풍 선녀

멋진 생 마감하려 눈감을 준비하는 단풍
제 갈 길 알기나 할까
너만도 못한 나에게 밟힌 친구들에게 미안
불암산은 금강산 떠나 왜 남산이 못되고
서울을 등지고 앉아 있나
집 떠나 산에 둥지 튼 고양이와
터줏대감 까마귀도 비웃든 듯

쉼 없이 달려왔건만
양옆에 뉘 있는지 몰랐다
정상 옆에 누워 웃는 쥐바위*만 덩그렁
새벽안개 뒤에 숨은 화랑도는 언제 일어날까
힘들지 않은 오늘 산행은 무슨 핑계 대나
오르막길 보이고 내리막길 안 보이는 것
세상 이치 내 모르고 너만 알았나
오색단풍 오열 속 그 많은 이들은 어디로
별 달로 환생되어 내려온 단풍 선녀는 알까

---

* 쥐바위: 서울 노원구 소재 불암산 정상 근처 바위 명칭.

느려도

바위에 붙어 안간힘 쓰는 고드름의 보호 아래
실낱같은 폭포는 얼음 무지개 피우고
꽁꽁 언 물속 어린 물고기는
아는지 모르는지 잠든 척
느려도 한강까지 무사히 가면 그만

대덕교* 옆 돌부처는 빙긋 미소 짓고
냇가 수문장 바위는 그저 거들 뿐
검정 비로드 옷단장 까마귀는 비웃고
삭풍 불어도 좋다 웃는 친구들

꽁꽁 언 척하는 길 위
느려도 한 발자국 한 발자국
그래도 탓하지 않는 새봄
빙그레 웃으며 수줍어하는 하늘마음
같이 쉬었다 가면 좋으련만 느린 것도 제각각
한겨울밤 가슴속에 꽁꽁 숨겨 놓은 포효咆哮

* 대덕교大德橋: 서울 도봉구에 위치한 도봉산 우이암 가는 길에 위치한 다리.

때 時

그토록 기다리며 기도해도
모습 감추고 있는 때
오늘인가 지금인가 맞추려 해도
오고가는 엇박자 속 지나침

내 탓 네 탓 따지지 않는 때
계시 받고 구원 받아야 알려 주나
주어지는 것일까 만들 수 있는 것일까
어제 내일 모른 채 지금 여기 탓만
육하원칙은 어디로 도망갔을까

할 수 있나 없나 옛날이야기
심연深淵에 숨어 버린 호불호好不好
앞뒤 맞는 때는 언제일까
그저 솔직하기만 했더라면
나와 친해졌을 텐데

벌거숭이

서둘러 오고가는 길섶
벌거벗은 작은 무덤
애처로이 응시하고 있어도
뉘도 주지 않는 눈길 한 번

오매불망 자식 손길 애태워도
소식 없는 솜이불 선물
거세진 바람소리 맞춰
노래 실어 보내도 시큰둥한 메아리

수많은 세상사 이겨 보아도
돌아온 이 가사 없는 곡조뿐
한 자락 인연 놓지 못하는 까닭은
쉬이 잊지 못하는 이승 얼굴 때문

제 옷 벗어 낙엽 이불 선물한
벌거숭이 새 친구 나무
바람 없는 쉼도 그저 고마움
애초부터 모두 벌거숭이

올 한 해

한계령 휴게소 유리창 밖 세상
처마 고드름 하나씩 제 살 떨구고
새로운 세상 맞이할 준비
눈꽃이불 무게 힘겨운 줄 알고
저만치 웃고 있는 소녀 햇살

지난 세월 사계절 탓
진한 커피 향 훔쳐보기 이제 그만
몰래 온 역광逆光 손님 핑계 대지 않는
우리는 영원한 서로의 그림자
지난해보다 더 커질 올 한 해

틈새

얇디얇은 사람들 틈에 끼여
빼곡 고개 내밀고
불꽃 희망 보려 안간힘 쓰며
은하수 위에서 춤추는 축제의 꿈

좀체 사그라지지 않는 갈등의 언덕
한근심 되어 되돌아오지 않게
틈바구니 헤집어 보니 덩그러니 반쪽 초심
깨금발로 넘기엔 머나먼 별

살얼음

조심조심 눈길 주며
이리저리 한 발자국 디딜 때
이내 꺼질까 두근두근
내川 건넌 뒤 괜한 큰 소리

보고 싶은 친구 안 보이는데
제 잘난 양 두리번두리번
고요함 속 쑥스러움
꼴깍 삼켜 버린 핑계

내川 건너 깊은 골 다다르니
소박하고 작은 살얼음 그득
엉정벙정 큰 발자국 하나 딛고 나서
용왕님 만나니 작은 후회 뒤에 숨은 미소

고향

물이 돌을 만들고
돌은 물길 만들고
서로 부딪치며 싸워도
가는 곳은 하나

떠나는 자와 남는 자
그저 갈라질 뿐
그 자리에 우뚝 선 고목은
싱긋이 미소

높은음자리표
낮은음자리표는 본디 한 몸
큰 강 다다라 되돌이표 있는 것
몰랐을 뿐

저 위에 남겨진 형제들을
할아버지 고목에 맡기니 안도의 숨
혼탁한 강가에 이르니
어릴 적 놀던 그리운 명경지수

진즉 눈치 채고 떠나지 않은 맏이 자운봉*
동생들만 모르는 속내
수증기 되어 무지개 타고 올라
만나고픈 명경지수 맏형

큰 바위 되어
동생 여행길 지켜 주는 마음에
절로 고개 숙여지는
속 깊은 고향 산자락

---

* 자운봉紫雲峰: 서울 북한산 국립공원 내 도봉산 최고 봉우리.

제3부

새봄을 기다리며

꽃씨 하나

제 꿈 찾아 이른 날갯짓 하는 홀씨 하나
엄동설한에 아직 봄옷 갈아입지 못했어도
세 겹 네 겹 꽃솜 두른 채
마냥 좋아 꽃샘바람 타고 훨훨

반겨줄까 말까 크고 작은 나무들의 고민 속에
소박하게 서로서로 눈치 웃음
열렬한 사랑 접시 꽃씨일까
사랑의 불사신 민들레 꽃씨일까
때 이른 봄 반겨줄 이는 어디에

꽃샘추위

새봄 바람 살짝 지르밟고
슬그머니 찾아와 한껏 부푼 벚꽃망울
오늘 고개 내밀까 수줍은 고백 중에
시샘하며 되돌아온 한파

이맘때 알면서도
모르는 척 해 주었던 봄 시샘 추위
지난해보다 더 매운 까닭은
단지 한 살 더 먹었기 때문

엄동설한 자리 내준 겨울 내음은
또 다시 한참을 기다려야 할 듯
지난 세월이 아쉽기야 하련만은
새봄 재촉하는 봄비가 있어 행복

익숙한 몸 뒤에 숨어버린 꽃샘추위

겉돌기

정유년에 태어나
돌고 돌아 한 바퀴
정유년 새봄
오르고 오르느라 한평생
진땀이 가달박에 흥건
겉만 돌다
들어가지도 못했던 속
스쳐 지나간 지난해 봄바람도
눈치채지 못하고
살포시 잦아든 오늘 바람 탓
천회千悔의 마음 그득

수없이 메워 준 사람과 풍경들 속에
내 있었나 없었나
고맙고 고마운 줄 모르고
눈앞에 선 희뿌연 무지개 탓 아님을
아직도 모르는 겉돌기
언제쯤 그 속에 들어갈 수 있을까
정유년이 다시 올까

마찬가지

문득 치밀어 오르는 속 떨리게 하는 큰 울림과
가슴속 얼어붙게 한 떨림들 속에 쌓여
작은 생각이 얼어붙은 목구멍을 넘어오려는데
누군가 어깨를 계속 짓누른다
생각과 몸짓이 같이 얼어붙어 버렸다
빛 뚜껑은 언제 열리는가
그 위에 웃음 무지개는 뜰 것인가
가여운 생각이 목구멍을 뚫고 나오자
머릿속이 휑뎅그렁하다

없는 한恨에 죄 없는 눈물이 쏟아진다
발끝에서부터 가득 차 있던
그 마음은 애초부터 거짓임에 틀림없다
숨 쉬고 있는 동안 열매는 없고
도전할 뿐인 질곡의 삶
시종始終은 같은데 길만 다르게 보일 뿐
아직도 모르는 마찬가지 인생
경주가 아닌 삶 속에서
지금 할 수 있는 것은 간절한 기도뿐

촌로村老

촌로村老 두 명의 정감 어린 이야기
너도 나도 이제 친구가 없다
언제까지 이 땅을 밟고 살 수 있을까
막걸리 한 잔 먹을 힘 있을 때까지

서로 한 번 더 만나자는 이야기 속에
누구 탓 무슨 탓 없는 오랜 친구
더도 덜도 아닌 속정 깊은 옛 벗
뒤로 돌아설 때 남몰래 눈물 훔치기

이승의 삶 얼마나 남았을까
오랜만에 만나 자식 손주 부인 이야기
할 말 없어지니 눈만 멀뚱멀뚱
어색한 침묵 지나 호탕한 웃음

탁주 건배로 애써 살아온 이야기
에둘러 혼잣말
그 세월 얼마인가 잴 수 없지만
이제는 뉘 탓 못하는 친구

얼마 남지 않은 세상 친구
또 만날 수 있을까
귀 대어 몰래 엿듣던 나의 작은 화火들이
갈 곳 잃어 숨어버린다

속마음

고개 내밀고 있는 오색 비단 잎보다
떨어져 나뒹구는 검붉은 그 잎이 더 좋다

조심스레 내 마음속 단풍잎 하나
꺼내서 맞추어 본다

스산한 갈바람 타고
영원의 잠자리에 들고 있는 오색 이파리들

마음 속 붉은 화火 단풍잎
꺼내서 눈 맞춰본다
이제껏 화禍 피하려 돌아온 길

찰나 햇살 비추니
가뭇없이 사라지고만 수줍은 잎새의 속

뉘엿뉘엿 고개 숙여 인사하는
붉은 노을이 미소 짓는다

내일은 어떤 해가 뜰까
가까이 다가가 볼수록 영락없는 내 모습

또 하나의 채비
입동 생각이 온 몸을 뚫는다

게으른 나그네에게 사계절 길
알려주는 고마운 단풍 행차

오늘따라 사그락사그락
낙엽 울음소리가 애틋하다

부끄러이 고개 들어
살포시 귀 대본다

알다시피

입춘이 지났습니다
봄바람 시늉이 가슴에 일렁입니다
아직 꽃눈이 웃지 못하고 있습니다
틔지 않은 꽃망울에 입을 맞춰 봅니다
착각의 향기가 폐 속을 헤집어 놓습니다
겨울입니다
뭇사람 친구 도시에는 개나리가 피었습니다
산으로 들어갈수록 굳은 얼굴이 됩니다
봄새들도 조용합니다
천년 바위를 감싸는 물길이 애처롭습니다
꽁꽁 얼음이 모두 자유가 되지는 않은 모양입니다
떠나기 싫은 삭풍이 심술을 부립니다
새봄을 시기하고 있습니다
뜻 모를 정적이 마음과 영혼에 똬리를 틉니다
언제쯤 뛰쳐나갈까요
해마다 되풀이 되는 자연은 아무 말도 하지 않습니다
걱정스런 조바심만이 앞서고 있습니다
작은 모래시계 하나면 곧 오게 될 봄입니다
이렇게 또 한 번의 겨울이 지나가고 있습니다
아직도 작은 그릇임에 틀림없습니다

나는 봄이 되기에는 한참 멀었습니다
봄이 나를 기다려 주는 것은 아님을
알다시피

늙은 다리 건너서

가서 만져 보고 싶은 나
나의 늙은 다리 건너서

다른 통로를 찾는다
라라 흥겨운 소리 아득히 달려온다

마른 강물이 시샘하는 늦은 오후
바로 훌쩍 뛰어넘고 싶은 마음

사이사이에 수많은 벽들의 시샘 속에
아리고 저린 지난 일 뿌리치니
자아가 오랜만에 빙긋이 웃음 짓고
차츰차츰 빗소리울음 그친다

카! 막걸리 한 잔에 세상 휘젓는다
타인 아닌 나를 사랑해 준다
파란 얼굴 빼꼼히 내민 해님
하늘거리며 내 안에 성큼 들어섰다

소지품

내 얇은 주머니 속에 든 건
싸구려 지폐 몇 장과 동전 몇 닢

내 얇은 마음속을 채운 건
우스꽝스런 지식과 오만함 몇 조각

내 얇은 머릿속에 남은 건
잔챙이 꿈과 허황된 욕망 몇 주머니

발가벗고 소지품 탈탈 털어 보니
새까매진 자존심
붉게 멍든 자신감
얄팍해진 여유

세 개의 주머니 비우고 비운다
그 속을 무지개 하늘로 채우고 싶다

흙집 풍경

산사도 잠든 새벽
봄 해 기지개 켜려 숨 고르고
밤새 내린 비 장난으로
갈 길 재촉하는 계곡 물소리
화들짝 놀라 흔들리는 꽃망울들

산 위 미소 짓는 하얀 운무
길섶에 서서
어디 볼 줄 몰라 하는 시인
밤새 모두 안녕하셨소
계절 옷 수없이 바뀌어도
제 꿈 잃지 않는 흙집 풍경 미소

늦잠 자는 아침 새
흠칫 놀란 고라니의
구름 따라 물 따라 흘러가는
초록 눈망울

손 바쁜 농부의 새벽 단잠
하릴없는 뜨내기손님

발자국 소리에 놀라
제 새끼 지키느라
까치는 연신 깟깟

오늘 큰 쉬임 지리산 풍경 내음
단잠 자는 햇살
시골 농부의 커다란 새봄 상념
시루봉* 계곡 물소리의 힘찬 깨우침
흙집 풍경 손 그 마음 알까

* 시루봉: 경남 하동군 악양면 등촌리 소재 지리산 남부 능선
　　상의 천애절벽을 간직한 봉우리(993m)

깨진 나이테

중천에 눈 뜬 커다란 해
앞에 놓인 막다른 오솔길
애타는 길섶 묘지석
갓 할아비 된 노송老松의
알 듯 말 듯 미소

나 보란 듯 새봄 바윗돌
깎아내리는 산골짜기 물소리
숨죽여 고개 내민 나무등치
그리 살라 말한 이 없건만
계절 옷 갈아입어도
언제 그랬냐는 듯 그 산 그 하늘

봄바람 일렁
물소리 찰랑 비웃듯
나 여기 있다 고요한 외침
에둘러 눈 돌리며
비쩍 말라 속살 드러낸
깨진 나이테 마음 뉘 알까

봄 친구

활짝 웃음꽃 핀 철쭉이 부끄러워
잔 구름도 숨어 버린 봄날 오후
방울방울 떠다니는 하모니카 웃음소리
세월 흔적 덮어불고
소복이 쌓이는 진달래꽃 천사들

골목길 뛰노는 아이들 깔깔 소리에 놀라
잔인한 사월 핑계 사라진 지 오래
무념無念 상념想念도 놀라 달아난 돌담 골목
제 목숨 바쳐 하늘 꽃비 된 벚꽃도 흐뭇
절로 손님되어 찾아온 천릿길 사랑꾼

여정旅程 I

온몸에 열이 펄펄 끓는다
발길이 떨어지지 않는다
갈 곳도 알고 채비도 마쳤다
먼 길이 아님에도
어스레한 달무리 때문인가

한 발자국 내디딘다
온몸이 힘들어하며 반항한다
핑계 둘러대도 들은 채 안 한다
그저 오라 한다

지나는 이 눈인사 못 나누고
고개 숙인 발만 쳐다본다
징검다리 하나씩 건너니
벌써 반쯤이나 왔다
왜 가는지 온몸이 모른다

계곡에 갇힌 물고기 쉬라 한다
진달래 제 살 뜯어내어
쉴 그늘 만들어 준다

봄 나비 빙빙대며 응원한다
찌르레기도 목청 보탠다
가는 까닭 몰라도 또 한 발자국 뗀다
오늘 여정旅程은 내가 아닌 듯

여정旅程 II

이리 데굴 저리 데굴
한곳으로 모여지는 수레바퀴들
왼쪽 바퀴에 뒤질세라
오른 쪽 바퀴 어긋남 없다

나란히 가면서도
서로 얼굴 못 맞추고
이끌려 간다
앞이나 뒤에서나 가기만 할 뿐

종착역 아는 바퀴
하나라도 있을까
한참을 달린 후
불이 난 바퀴

진땀 닦고 나니
다다랐다는 소식 전해 들었을 뿐
내 바퀴는 어디에서 출발했을까
기특하기만 한 그 바퀴들

시래기국밥

중천에 뜬 해도 빠뜨리고
온갖 이들 땀도 말아버리고
한시름 두 시름도 휘저어버린다
한 그릇 시래기국밥 속으로

보잘 것 없는 시래기라 뉘 말했나
달빛 시샘 속에 허물 벗고
손발 담은 청경靑莖
해 바뀌어 새 얼굴 드러낸다
언뜻 보면 나보다 손위임에 틀림없다

형님 품속에 세상살이 넣고
친한 척 하소연한다
휘휘 섞여 한바탕 춤추고 난 후
아무 일 없다는 듯 시치미 떼는 시래기국밥
내일도 이랬으면

선상 유람 船上 遊覽

살랑거리는 강물 춤사위에
한바탕 뛰노는 봄바람

졸릴 듯 말 듯 나른함 속에
서서히 커지는 여백의 주머니

통통배 앞으로 휘저어갈수록
하품하며 나 여기 있다 이랑지는 호수

거죽 얼굴 잠재우는 자장가 물소리
덤거칠 것이 앞에 또 있을까

타는 속

하얀 출발선 위 한 마리 거북
징검다리 건너 청천淸川 지나
긴 터널 숨통 틔우고 나니
난데없이 나타난 거북떼
가다 서다 반복하며 엉금엉금
이리 부딪히고 저리 투정 가득

기갈 메운 후 갈수록 힘들어진 두 다리
나와 한 몸 아닌 듯 앞에 보이는 고개
마지막이라 속이고 싶은 졸장부 마음
오매불망 내리막 접어들자
함께 떠 있는 별과 해
어디로 가야 할지 순간 속 있다 보니
거북떼 모두 지금 여기 모른다
그저 가는 길 간다

밤길 밝혀 주는 달
오늘따라 아무 생각 없다
검은 숯덩이 곧 하얘질 타는 속

초록 꿈

어린 초록이 부른다
어른 초록이 조심스레 뒤따른다
계곡 어린 물도 끼워 달라 보챈다
술래잡기하는 양 잿빛 직박구리 노래한다
산들바람도 슬그머니 춤사위에 끼어든다
나뭇잎이 흥겨워 노래하자
나무 가족들 신난 듯 춤춘다

아카시아는 꽃꿀로 응원하고
지나는 나비 연신 수줍은 날갯짓 보태고
계곡 속 물고기도 아는지 흥얼거린다
무뚝뚝한 바위는 유혹에 넘어가지 않으려
몇 번씩이나 용을 쓴다

수려한 입하立夏 교향곡 지휘자는 누구
큰비 오기 전 한바탕 놀아볼까
서로 주인인 양 목청 돋운다
오랜만에 온 가족 신이 났다

자연교향악이 새가슴 파고들어
작은 호수 만든다
정적이 흐른다
인적 끊긴 산길 나그네
마냥 행복해 어쩔 줄 모른다
문득 커피향이 그립다
오늘 밤 초록 꿈꾸고 싶다

한 뼘

여지없이 걷는다
스스로 가둬 놓은
작은 한 뼘 길
오늘도

번민의 길 계속 걷는다
그 밖으로 나가면
안되나 또 한 번 되뇐다
지금 여기

양 옆으로 갈라진
무수한 별들의 길
죄의 별 안도의 별에 갇혀
앞으로 앞으로만

별들에게 양보할 수 없나
어느 발이든 내지르면 그만
그 안에 갇혀 있다
작은 한 뼘

틈

아주 작은 공기 사이로
틈이 보인다

주변을 서성이다
눈빨리 다가선다

작은 틈새에 끼고 만다
수십 년 기다렸건만

땅 틈새 접고
하늘 틈새 엿본다

살풀이

춤
살풀이춤
한 너울* 두 너울
숨넘어간다
남은 이 탓하지 않고
재 넘어가느라
숨이 멎는다

한 올 두 올
이 세상 끈 풀어놓으며
발 넘어간다
남은 별 달 핑계 대지 않고
저 강 바다 건너느라
온몸이 굳었다

오늘따라 흔한 바람도 없다

* 너울: '겉모습'을 비유적으로 이르는 말

몽돌 숨소리

바다가 숨을 쉰다
거친 바람 힘입어
천년 바위 삼키고 삼켜
작은 몽돌 만들어 토해낸다

파도가 밀려오면 들숨 되고
바다로 돌아가면 날숨 된다
생각 없는 모래 알갱이와 모오리돌들은
어찌할 줄 몰라 수줍은 척 한숨짓는다

구름 아래 오고 가는 바다 숨소리
그 속에 낚싯대를 드리운 채
세월 가는 줄 모르는 촌로
작은 숨소리만 덩그러니

속살 훤히 비치는
말간 바닷속에서
작지만 큰 숨 내쉬고 있는
천년千年 몽돌의 나른한 오후

현해탄

짙푸른 현해탄 위 검붉은 노을
땅 위의 종이가면 평화 웃음
시름 많아 주름 생긴
속 깊은 바다
두둥실 떠있는 뭉게구름은
지나온 일들 알까

잔물결 헛기침 뒤에 숨은
잔망한 작은 섬들
앞길 구만리 뒷길 일만 리
알면서 아는 이 없는 울분
아이에게 뭐라 얘기할까

사람값

울려드는 악다구니 숨죽여 듣다 보면
연동淵洞에서 골이 슬며시 고개 든다
이러쿵저러쿵 오로지 네 탓만
남이 아닌 제 반쪽에게 건넨 살 떨리는 잔말들
수십 년 세상살이에 보대끼고 온 것 맞나
부러 빌고픈 지나는 이들의 눈망울

착하고 행복하게 살자 머리 싸맸건만
올라간 눈꼬리 비뚜름한 입꼬리
두 손 잡고 기도한 뒤 어설픈 웃음도 잠깐
결을 삭여 반만 위해 줘도
둥근 얼굴 사람값 찾을 판
부끄러운 미소는 슬픈 무지개 타고 재 넘어간다

가을 채비

솔바람 불자
계곡 물소리 태질하고
세월여류歲月如流 이겨 내지 못해
달음박질하는 매미의 구슬픈 외침

옷 갈아입을 채비 서두르고
한 모금의 이슬방울 더 머금으려
송곳 땀 맺힌 잎새는
얕은 미소만 그득

메거느림* 넘어가는 나그네는
가냘픈 숨소리만 새액색
송골송골 이마에 맺힌 구슬땀은
지난 세월 못 이기고 한 방울씩 투욱 툭

무어 그리 좋은지 까치는 연신 깟깟
능놀다 가라 비워 놓은 나무의자는
덩그러니 숨죽이고 있고
한 계절 쫓겨 가는 즈음의 소리 없는 일상

고갯마루 넘는 반백의 중년 신사는
뉘 쫓아올까 두리번두리번
제 발소리에 놀라 흠칫
이 모두 사시절四時節 축복

* 메거느림: 산고개

제4부

비우고 비워보니

가을 하늘

그림자 밟고 지나간다
가는 길에 안 밟으려 해도
자꾸 밟는다
지나온 세월 하나씩 지워지고
홀가분해진다

빨리 가라 재촉하는 가을 햇살 속에
그림자 눈물이 갈바람에 일렁인다
그동안 무얼 잘못했는지
바람 타고 날아올라 흩어진다
한 방울 두 방울

흔한 구름 한 점 없는
오늘 하늘은 참으로 무심하다
햇살 걸음 바뀌면
빈 그림자에 무얼 채워 넣을까
참 나를 찾아가는 행복한 오후

더 없이 착하기만 한
텅 빈 가을 하늘

그 추억

추억 속에 묻어 놓았던
그 한 페이지를 조심스레 들춰 본다
아! 그랬구나
용기가 없어서 닫아 놓았던
꿈같은 이야기들이 머리를 치고 달아난다
그건 아니야 외쳐도
빙긋이 웃기만 하는 그 페이지
나일까 너일까 우리일까
서로 미루기만 한나절

뒤늦은 눈물이 주룩주룩
이어 갈까 새로 시작할까
숨죽이는 동안
슬며시 추억이 다가와
어깨를 두드려 준다
이제는 엉엉 울어야겠다
시시때때 떠올라 나를 애태우는
심술쟁이 그 추억
이제는 고맙기만 하다

귀향길

잔잔한 갈바람 불자
하고픈 이야기 많은 도토리
한 알갱이 떨어지고
새벽 귀뚜라미 슬픈 이별 노래 부르고
수줍어하는 계곡 물소리 아래로 숨는다

멀리서 고향 가자 재촉하는 기차 소리에
두고 온 근심 가지고 가는 새가슴 설레고
구름 아래 작은 집 풍경에 눈물 고인다
어서 오라 대문은 진즉 활짝 열려 있다
오늘 한가위 달 휘영청 뜰까

잔바람에 너울거리는 낙엽에 마음 태워 볼까
오늘따라 진한 커피향이 간절하다
잔망한 새가슴을 부끄럽게 하는 수채화 집 풍경
겉멋 들은 나이 탓에 울고 웃던 옛 추억 사라져 간다
어서 오라 손짓 길섶 코스모스에게 서둘러 웃음 짓는다

만추晩秋

무념無念
심연深淵에서 불쑥 솟은
무사無思의 봉우리

정상에서 한껏 소리쳐
산과 바위 불러 모아도
춤과 노래로 속을 흥얼거려도
아찔아찔한 소심小心

작은 돌 굴려
큰 울림 모시려 아우성쳐도
그 산은 떡하니 그 자리에 붙어 있다

한 잎 두 잎
내려앉은 낙엽은
염화미소拈華微笑 그윽하다

아
또 한 해가 가는구나

낙엽 울음소리

고개 내민 비단 잎보다
떨어져 나뒹구는 검붉은 그 잎이 더 좋다

조심스레 마음속 단풍잎 하나
꺼내서 맞추어 본다

스산한 갈바람 타고
영원의 잠자리에 들고 있는 오색 이파리들

마음 속 붉은 화火 단풍잎
꺼내서 눈 맞춰본다
이제껏 화禍 피하려 돌아온 길

찰나 햇살 비추니
가뭇없이 사라지고만 수줍은 잎새의 속

뉘엿뉘엿 고개 숙여 인사하는
붉은 노을이 미소 짓는다

내일은 어떤 해가 뜰까
가까이 다가갈수록 영락없는 내 모습

또 하나의 채비
입동 생각이 온 몸을 뚫는다

게으른 나그네에게 사계절 길
알려주는 고마운 단풍 행차

오늘따라 사그락사그락
낙엽 울음소리가 애틋하다

부끄러이 고개 들어
살포시 귀 대본다

꿈

지칫지칫 지나온 나를 돌아보고
지금의 나에게 힘을 주고
앞으로의 나와 이야기하고 싶다

옛날의 나를 용서해 본다
현실의 나를 꾸짖는다
미래의 나에게 지금의 나를 알려주고 싶다

옛 심연(深淵)으로부터의 탈출
불필요한 지금의 도피처
내일을 두려워하지 않고 싶다

오늘따라 더 사랑하고픈 나
함초롬한 나를 지키고 싶다
겉과 속 다름없는 나를 또 한 번 꿈꾼다

내 안의 작은 아이

여태껏
자그마한 아이로 살아왔다
조그만 일들에
희로애락 걸고 일희일비 했다

두둥실 떠 있는 춘운春雲
봄비가 남몰래 내려앉은
어느 날
땅을 치며 통곡한다

작아진 마음에
어쭙잖게 불쏘시개 붙인다
활활 타오르라고
아직도 작은 아이

닮아 가고 있다

아득한 일곱 살 때
이발소 아저씨가 툭 던진 말
네 아버지가 박동규씨냐
영문도 모른 채 놀란 토끼 눈

하루 지날 때마다
소스라치게 놀란다
점점 더 닮아가고 있다
이제는 모습까지 영락없다

이 세상 떠나신 첫날
서럽게 울었다
내 뜻 전하지 못 했는데
듣지도 묻지도 않고 떠나셨다

한 달, 일 년, 십 년 지나
아버지도 나도 무던히도 둔해졌다
하늘나라에서 잘 계시지요
잘 살고 있다고 메아리 없는 허튼 인사

산 날보다 살 날 많지 않은
지금 여기 깨달은 늦은 후회
점점 더 닮아 가고 있다
얼굴, 목소리, 하는 행동

누가 싫어하고 누가 좋아할까
내 잘못 이제 알았다
그래서 행복하고 행복하다
때늦은 회한 때늦은 사랑

그곳

별들을 껴안기 위해
우주 속으로 뛰어오른다
기꺼이
두 팔을 높이 쳐들었다

경외심이 휘몰아쳐 들어온다
평평범범한 한밤의 일상
가고 싶은 그곳
낡은 편견 주머니 속
하나 남은 실재實在

회오悔悟의 눈물 흘린 후
다시 살려낸 은하수의 정경情景
내 가고자 하는 그곳에서
날갯짓 시작한다

제자리

산이 호수가 되고
호수는 산에 잠긴다
뉘 잘못인가
내 눈이 잘못 보았나

천진난만한 아이 웃음 뒤에
숨어살고 있는 세상천지
거꾸로 서서 비웃어 본다
예전부터 자리 지켜 온 그들 앞에
무릎 꿇는다

열린 눈 핑계 대는 선입견들
이제 빈방만 남았다
부끄러운 눈물 흘러
호수를 채운다

해동머리

밤새 벚꽃 비가 시나브로 산자락을 훔치고
징검다리 사이로 모른 척 노니는
계곡물에는 어제도 없고 내일도 없다
흐르는 지금만 있을 뿐

삶의 가벼움은 죽은 혼에게 얄궂기만 한데
때 이른 휘파람새 소리는 맑기만 하다
세상만사를 귓속의 귀로 받아들인다
자그마한 귀는 문설주를 살그머니 넘어간다

직박구리와 까치들이 반긴다
해동머리에 발가벗고 작은 기지개 켠다
개울물 소리를 베개 삼아 하늘을 꿈꾼다
새봄의 홀가분함

허 虛

텅 빈 얼굴
그저 멍하니 서 있다
중년의 속눈썹 사이로
소리 없이 지나간
수십 년 세월

선잠 깨어나니 할아버지
엊그제 잃어버린 후
어제는 잊기로 했다
무얼 버릴까 오늘
데굴데굴 굴러본다

숲속의 봄

바람 훌렁 일어 숲 만들고
그 속에 파도 출렁이니
깊은 잠에서 깨어난 봄소식
부동자세 대나무 손뼉 치며 반긴다

오매불망 비 손님 후두둑
겨울잠 땅 굼틀거리며 재채기하고
벚꽃 아낙네 얼굴 붉히며 수줍어한다
서어나무 때죽나무 줄 서서 고맙다 인사한다

신성한 곳의 다른 이름
입구만 찾고 되돌아간다
엄동설한 참아 준 착한 친구들
싱그러운 숲속의 봄

머무름

섧다 구슬피 우는
파도 소리에 놀라
밀물 썰물 구분 못하고
멍하니 앉아만 있다

괜스레 바람 탓 하고 나니
물속에 가라앉아 있다
밀물 썰물이 같아진 이제
무심한 바람이 되고 싶다

봄의 눈물

과거의 숲속에서
외톨이 되어
눈물 흘리고 있는 어린 나목裸木

오름 속 작은 분화구
한 바퀴 돌고 나니
시름 한 사발 뚝딱 해치우고
봄비 뒤 소사나무 새잎들이 반긴다

일렁이는 파도는
오름의 뺨을 쓰다듬어 주건만
봄이 흘리는 눈물에
가슴이 저리다

꿈속의 꿈

눈을 감고 누워 꿈을 꾼다
꿈속에서 오늘 꿈꾼다
손잡고 춤추는 별과 달
어지러워 휘청걸음 걷는다
웃음이 일렁인다

오늘 꿈속에 지난 일들
모두 말아 휘휘 젓는다
검은 꿈 사라지고
하얀 구름 꽃 피는
말간 해님 옆에 앉는다

새 친구가 생겼다
봄바람이 찰랑대며 손뼉 친다
내일 꿈도 바닷바람에 널어놓는다
일출과 일몰이 같이 서 있다
꿈속의 꿈 새 친구

강江의 눈물

흐르는 강물의 역사 속에서
쉼 없이 피고 지는 작은 생채기들
여기 지금 부끄러운 질그릇 탓
딴짓 핑계 지르밟고 오롯이 내 탓 노래
부끄럽고 부끄러운 지난 강물

꽃그늘 속 숨은 별과 달이 넌지시 손 내민다
지나온 밥그릇에 영혼을 채워
회귀하는 연어가 되고 싶다
일엽편주一葉片舟 돛대 부여잡고
숨죽여 기도한다

수줍음

내 모자 위를 수줍게 서성이다
살포시 내려앉은 나비 한 마리
내 어쩔 줄 몰라 그 자리에 얼어붙는다
송골송골 돋는 땀방울

언제쯤 날아오를까
어쭙잖게 말 걸어 본다
나는 꽃이 아닌데
꿀도 없는데

왜냐고 묻는다
그녀의 티 없이 맑은 눈이 미소 짓는다
잠시 쉬고 있다고
눈인사 나누지 못하고 얼굴 붉힌다

이방인

항상 어딘가로 데려다주는 길
관념과 경험의 사이에서 어쩔 줄 몰라 하고
현실과 미래 사이에서 온몸을 부둥켜안은 채
창문 두드리는 빗소리에
의심 가득 찬 눈과 귀 열고
하염없이 지새우는 오늘밤 문턱

그만 나오라 덜그럭대는 창문
표지 없는 낡은 다리에 서서
헤집고 있는 이방인의 길
다른 곳 사유하고픈 지금
둥둥 떠가고 있는 하늘과 땅의 사이

집으로 돌아가는 길 문턱에서
미지의 유혹에 넘어간 시간 죽이기 모험
그 다리에서의 여백을 넘어
다시 태어나고 싶은 중간은
위험천만한 곳

가을 편지

철 지난 편지 갈바람 타고 와
걱정 어린 마음 조려 애태우고
빨리 가려 재촉하는 발걸음은
미아리 고개에 가로막혀 숨차하며
얼굴 붉게 타오르니
갈 곳 못 찾은 편지는 제때 올까

햇살 비춰 갈바람 식혀 주니
얼굴 모습 바꾸고
제철 타고 온 단풍의 속내는
티 내지 못해 수줍어
얼굴 빨개지니
말간 가을 햇살에 하얀 편지를 태우고 싶다

허공 虛空

문득 커진 궁금증에
호기심 하나 보태
제 몸보다 큰 풍선 만들어
하늘 높이 날아오른다

구름다리 건너
갓 핀 무지개와 눈인사 나눈 후
헛기침 한 번에 갈 곳 잃어
하늘가 맴돈다

호기심 하나 빼고
궁금증 작게 만드니
속 좁은 놈 드러내
나락에 떨어진다

낮달

맑은 가을 하늘
중천에 뜬 백지장
한밤중에 떠 있어야 할
가녀린 초승달이 그 속에 있다

어젯밤 꿈속에서
같이 놀던 친구
말 걸며 위로해 주었던
그 달이 실눈 뜨고 저만치 서 있다

밤에만 안아 주었던 마음속 달이
나 몰래 옆에 앉아 있다
왜 몰랐을까
고마운 낮달

천축사天竺寺*

돌 하나 쌓아 결핍 하나 메우고
돌 하나 쌓아 여백 하나 늘리고
돌 하나 쌓아 수오지심 한 번 버린다

한 계단 올라 육체 한 번 내려놓고
한 계단 올라 영혼 한 번 마주하고
한 계단 올라 해탈한 척 해 본다

산사 처마 아래
한가히 노니는 풍경風磬
그 아래 비워 둔
툇마루 인심
큰 팔 벌려 누우니
알 수 없는 눈물 흐른다

* 천축사天竺寺 : 서울시 도봉구 도봉산에 위치한 천 년 고찰.

나른한 봄날 오후

수천만 년 전 올라선 산과 바위
선하디 선한 얼굴들
그 속에 안긴 수도원의 일상
땅에 바싹 엎드린 마음

너그러운 하늘
절로 흥얼대는 이름 모를 가락
자연 속에 파묻혀 사는 인간상
마음속 사색당파 없는 삶

맑은 하늘 푸른 바닷가
내 집 네 집 울타리 없이
하얀 집 속에 사는 하얀 사람들
'Perhaps Love'* 노래가 생각나는
나른한 봄날 오후

* 'Perhaps Love' : 미국의 싱어송라이터 존 덴버와 스페인의
  오페라 가수인 플라시도 도밍고의 합작으로 만들어진 곡.

침묵의 길

조용하다
조용하다
작은 숨소리는 어딘가로 숨어들고
발에 밟힌 그림자는 안 아픈 양 소리 없다

말간 얼굴 진달래는 못 들은 체 하고
구름 가면 쓴 해님 나몰라 한다
산골 물도 소리 죽여 아래로 잰걸음 한다
더는 들리지 않는 내 소리

참을 수 없는 울음이 고개 내민다
오늘 정적에 귀 대어 본다
조용하다
조용하다

뒹굴뒹굴

이리 뒹굴
저리 뒹굴
내리뒹굴어 보고
나뒹굴어 본다

내川가 위에 있고
구름이 옆에 누워 있다
휑뎅그렁 나동그라져도
그 자리에 멈춰 있다

왼쪽은 지난봄
오른쪽엔 먼 가을
한여름 부지깽이 장단에
곤히 잠든 손자 깨우고 말았다

한 폭의 추억

익숙한 길을 나섰습니다
지난 사 년간의 추억을 담으러
수통에 물을 가득 채웠습니다
마을버스를 타고 미소 짓는 차창 밖을 물끄러미 바라봅니다

이제는 익숙한 산 아래 정류장에서 내렸습니다
버드나무 아래 앉아 물 한 모금 마십니다
오늘은 무엇을 찾을까 생각에 잠깁니다
펜이 앞으로 나아가지 않습니다

초록 숲길로 들어서자
따로 또 같이 가는 일행이 있습니다
지겹고 힘들다는 말이 들려옵니다
이곳저곳에 때를 묻히고 있습니다

아는 듯 모르는 듯 맑은 계곡물은
그 옆을 지나갑니다
화내지 않고 욕심 부리지 않는 그를 보며
또 한 번 부끄러워합니다

매주 산에 올라 인사했던
우이암과 주봉은 그때와 같은 미소만 짓고 있습니다
고맙고 고마워 머리 숙여 마지막 인사합니다
많이 배우고 떠납니다

무엇을 찾으러 왔었는지 잊어버렸습니다
청초한 하늘 얼굴에 눈을 뜨지 못한 채
휑뎅그렁한 걸음을 내딛으며
지난 세월을 한 폭 그림에 담아 내려갑니다
내 가슴에 무지개가 떠올랐습니다
또 다른 산山을 찾아

업보 業報

남은 생生
무위자연無爲自然 길 가고파도
이승에서 지은 죄 많아
비켜 갈 수 없다

아내에게
두 딸에게
그리고 부모님
아무리 되돌려 보아도
지은 일들 많다

하나
하나
웃음 돌리려 해도
무위자연無爲自然 있을 턱없다
살아 있는 지금

때 아닌 가을 햇살
더없이 따사롭다

그 속에 몰래 숨어

일장통곡一場痛哭한다

계간문예시인선 150

박충윤 시집 _ 나와의 해후

초판 인쇄 2019년 11월 30일
초판 발행 2019년 12월 10일

지 은 이   박충윤
회   장   서정환
발 행 인   정종명
편집주간   차윤옥

펴낸곳 도서출판 **계간문예**
편집부 03132 서울 종로구 삼일대로 30길 21 종로오피스텔 1209호
주소   03132 서울 종로구 삼일대로 32길 36 운현신화타워 305호
전화   02-3675-5633, 070-8806-4052   팩스   02-766-4052
인쇄   54991 전북 전주시 완산구 공북1길 16, 신아출판사
이메일 munin5633@naver.com
등록   2005년 3월 9일 제300-2005-34호
ISBN   978-89-6554-208-7   04810
ISBN   978-89-6554-118-9 (세트)

값 10,000원

잘못 만들어진 책은 바꾸어 드립니다.

이 도서의 국립중앙도서관 출판예정도서목록(CIP)은 서지정보유통지원시스템 홈페이지
(http://seoji.nl.go.kr)와 국가자료공동목록시스템(http://www.nl.go.kr/kolisnet)에서
이용하실 수 있습니다. (CIP제어번호:CIP2019047739)